Ich bin ein Glas aus Träumen

Mein Dank gilt allen, die mich zu diesem Gedichtband ermutigt haben, besonders meiner Frau Sabine.

Walter Vorwerk

Ich bin ein Glas aus Träumen

Eine Gedichtauswahl

Bibliografische Information der Deutschen Nationalbibliothek:
Die Deutsche Nationalbibliothek verzeichnet diese Publikation in der
Deutschen Nationalbibliografie;
detaillierte bibliografische Daten sind im Internet über
http://dnb.d-nb.de abrufbar.

© 2013 Walter Vorwerk
Satz, Umschlaggestaltung, Herstellung und Verlag: BoD- Books on Demand
ISBN: 978-3-8482-3867-5

Inhalt

Alle Lyrik ist Antwort des Ich auf die Welt
(Hermann Hesse)

An meine Leser

Geschrieben habe ich, seit ich schreiben kann. Gedichte entstanden, seit ich gründlicher nachdenken und empfinden konnte. Ich bin bis heute ein »Schubladenpoet«. Dass ich das nicht mehr sein will, liegt daran, dass ich die Siebzig überschritten habe. Da beginnt man »Ordnung zu machen«. Ich lege Ihnen eine Gedichtauswahl vor, die über fünfzig Jahre meines Lebens umfasst.

Zu Hermann Hesse hege ich eine tiefe Verehrung. Er machte mir deutlich, was »Lyrik« eigentlich ist: »Alle Lyrik ist Antwort des Ich auf die Welt«. A l l e hat er geschrieben. Das heißt also, auch meine. Und dann ist da noch der engagierte dichtende und komponierende Jude Louis Fürnberg, der nicht nur rein Politisches und Pathetisches geschrieben hat, sondern – vielen unbekannt – ein feines Gespür für die »Schwingungen der Seele« hatte. Das sprach mich an. Heute noch zitiere ich ihn beim Herbstspaziergang: »Raschelnd unter meinem Tritt stäubt ein Teppich müder Blätter …«

Ich empfinde Lyrik in dieser, unserer bewegten Zeit als ein Balsam, als Heilmittel der Versöhnung und Toleranz mit anderen und sich selbst.

Vielleicht kann ich Ihnen dabei etwas helfen.

Berlin 2012
Ihr Walter Vorwerk

Nicht nur die Rose …

1959 – 1989

Gänseblümchen

Du wähnest mich schon schlafend?
Gänseblümchen habe ich gepflückt
und es wie dich im Traume
an meine heiße Brust gedrückt.

Der Mond scheint trunken vom Weine;
er schleicht dahin und sieht verschmitzt,
dass ich so innig lieb nur eine
und auch für das die Blümelein stibitzt.

Am Morgen fühl ich zart dein Haar,
dein Bild es lächelt süß,
sogar die Blume nicket klar,
schön sie mich träumen ließ.

(1959)

Als ich Dich fand

Ein Blatt, von Lüften leicht getragen,
senkt sich herab auf meine Brust;
der Wind spielt mit dem Mantelkragen,
im Herz getrübt die Liebeslust.

Und dennoch ist es schön zu träumen,
zu fliegen über Raum und Zeit:
nicht um das Leben zu versäumen,
sind wir zu Lebenslust bereit.

(1959)

Ein Liedchen für Dich

Kennst Du das Lied
»Wenn ich ein Vöglein wär«?
Mit ihm ich von Dir schied,
das Herze brannte mir so sehr.

Das Vöglein singt;
so lieblich ist sein Ton,
dass er in meine Seele dringt,
selbst nachts träum ich davon.

Ein Brieflein kam.
Beim Sonnenstrahl erwachte ich;
die Grüße lieb ich von dir nahm –
ich fühlts, du küsstest mich.

(1959)

Abendlied

Sanft streicht die Hand durch Lockenhaar,
wie Stern dein Äuglein funkeln.
Sie leuchten mir so wunderbar
den Weg zu dir im Dunkeln.

Als Siegel meiner Liebe heiß
will ich dich ewig küssen.
Ich liebe dich, und wie ich weiß,
soll ich nie weichen müssen.

(1959)

Erkenntnis eines jungen Mannes

Es ist gar nicht so einfach,
die Welt zu begreifen.
Man muss es auch wagen,
ins Gesicht zu sehen
dem hässlichen Alltag.

Freilich, viele glauben,
sie sei schon begriffen.
Das Leben zu meistern
und niemals zu zagen
in Zeiten der Trennung …
ist gar nicht so einfach –
bedenke, das Glück zu behüten!

Der Mensch ist gut.
wenn du hilfst,
ihn zu bessern,
wird er endlich erwachen.

Du verehrst den,
der das Brot mit dir teilt,
der den Weg durch ein Liedchen verkürzt.

(1960)

Winter

Die Erde hat sich zugedeckt
mit einem weißen Kleid.
Die weite Flur liegt ausgestreckt
zur kalten Winterszeit.

Es schaukelt leis ein Halm im Wind
und knirscht der Schnee beim Tritt.
Es ist, als ob wir einsam sind,
doch alles schreitet mit.

Der Himmel tief im Blau sich spannt,
die Sterne halten Wacht.
Wir singen beide Hand in Hand
das Lied der stillen Nacht.

(1962)

Sonne

Herrlich, im Wachsein zu wandern.
Nie schläft die eilende Erde,
wenn es auch dämmert und dunkelt.
Horizont – ständig bist du
Vergehen und Werden
wärmender Strahlen der Sonne,
allen Lebens,
für die Sehnsucht der Menschen
nach Licht.

(1962)

Chanson

Wenn ich so übern Feldrain geh,
dann kommt mir in den Sinn viel dummes Zeug,
denn dann sprech ich mit den Gräsern,
und dann zähl ich jedes Steinchen
auf dem heißdurchglühten Sonnenstaub des Wegs.

Knöpf den Kragen oben auf,
dann hast du Luft,
und dann freu dich über alles,
was du mitgebarst.
Doch bedenke, was du morgen wieder tust,
ob du morgen um die Zeit
ein Stückchen weiter warst …

(1963)

Herbstlied

Ob alles stirbt?
Der Wald zieht sich aus
für das Leichengewäsch aus der Wolke.
Ob alles stirbt?
Unter der Rinde –
unter der Rinde findst du das Herz,
das im Eise sich wärmt,
wärmt und leuchtet,
leuchtet und strahlt –
unter der Rinde …

(1965)

Mein Haus

Ich hab mir ein Haus gebaut …
Dennoch laufe ich
zum Wohnungsamt –
jeden Freitag
nachmittags um vier.

Mein Haus heißt Liebe …
Keiner soll mit mir tauschen.
Dennoch laufe ich
zum Wohnungsamt –
jeden Freitag
nachmittags um vier.

(1965)

Vergehen und Werden

Als ich noch nicht dein war,
war das Herz mir schwer.
Und die Wolken hoch am Himmel zogen,
zogen weiter –
weiter, höher –
höher, weiter …
bis am Horizont sie schwanden,
und zu Ende schien der Tag.

Doch am Horizonte
ist ein Werden und Vergehen,
Vergehen und Werden …
Seit ich dein bin,
seit dein Herz mir zuschlägt,
drehn die Vögel sich im Tanze,
sich im Tanze …
hoch, hoch im Blauen …

(1966)

Ein Lapsus

Ich führe meinen Mantel durch die Gegend
und sehne mich nach einem Sonnenstrahl.
Es ist vom Himmel mir das letzte Blatt geregnet,
selbst die Gesichter der Passanten wirken kahl.

Und um nicht auch dem gleichen Lapsus zu verfallen,
husch ich zu dir, mein liebes Kind.
Du bist und bleibst das Gegenteil von allen,
die diesem Tag geopfert sind.

(1967)

Erinnerung

Winde rascheln mit den welken Rosen,
und wir stehen ohne Hauch am Baum,
und ich möchte deinen Traum
wie mein kleines Söhnchen kosen.

Zitternd nehm ich deine schmalen Hände,
sie verschönen diesen neuen Tag,
den ich, weil ich dich so mag,
schreiben möchte an die Wände.

Doch du wendest ab dich von den Bäumen,
und du weist auf meinen kleinen Ring,
den an meinen Mund ich bring –
und nun ist für mich ein Träumen.

(1968)

Du

Wie ein Hauch,
der im Morgenrot bebt,
ist dein Mund.

Sieh den Mond,
der am Baumaste schwebt,
unbelebt.

Deine Hand
und der Schmerz
sind so schwer
für mein Herz.

Augen mein –
Augen dein –
nah sind sie uns,
viel zu nah …

(1968)

Morgen

Als du von mir gingst,
wusch der Morgen
mir das Gesicht
mit Tränen –
als du von mir gingst.

Wenn du wiederkommst,
ist der Morgen
noch im Gesicht –
ach, Tränen –
wenn du wiederkommst …

(1968)

Abschied

Jede Stunde, die du mir geschenkt hast,
jedes Wort, das du für mich erwählt,
jedes Lächeln, das du hast geboren –
alles hat das Leben mir erzählt.

Und je mehr ich über all das denke,
umso schwerer wird das Schlagen in der Brust.
Wenn ich weine, weil ich Abschied nehme,
hab ich alles vorher schon gewusst.

Jedes Danke ist zu unpoetisch,
jedes Schmeicheln ist nur Selbstbetrug,
jeder Blick in unsre Tränenaugen
sagt uns beiden wirklich schon genug.

(1970)

Trauer (Petschal)

Gibt es Trauer ohne Liebe
und Liebe ohne Trauer?

Wenn ich meine Schritte zähle –
Schritte, die verhallen
in der nächtlichen frosttrunkenen Stadt, –
dann denke ich,
dass alles gar nicht ist –
gar nicht war …

Bin ich denn da?
Aber du warst es doch,
hast doch geküsst mich,
geküsst mit süßem Schmerz …

Wie lange darf ich sein –
bei dir
und überhaupt?

(Leningrad / St. Petersburg – 1970)

Trennung

Airport, du dehnst dich
in klirrender Kälte,
hältst deinen Teppich
für gleißende Vögel bereit –
und für uns zwei,
die getrennt werden müssen
durch Wolken und Wind,
durch Wege –
ach, ihr Wege –
so weit,
so hart
und so schwer.

Gedanke, du quälst dich
in hämmernder Brust,
bist wie ein Netzwerk
aus Tränen und Lachen.
Und für uns zwei,
die nun doch gehen müssen,
bist du auch Wolke,
bist du auch Wind.
Treibst vor uns her
deinen Weg –
einsamer Weg –
der im Endlosen endet.

(1970)

Doch, Sehnsucht ...

Seh ich die Vögel ziehen,
treibt mich das Fernweh zu dir,
und meine traurigen Augen
sehen dich plötzlich vor mir.

So wie die Schwingen des Vogels
tragen Gedanken mich weit.
Dort bist du wirklich zu finden –
Sehnsucht im gläsernen Kleid.

(1970)

Nebel

Habe dich, Nebel, gesehen!
Zogst du davon?
Kamst du heran?
Bote bist du,
hell oder fad.
Man muss dich nehmen,
wie du bist.
Legst um die Brust dich,
klammerst dich fest,
entschwindest –
ohne Geschrei,
ohne Worte,
ohne Sinn –
du bist,
bist auch nicht –
Bote bist du dennoch.

(1970)

Töne in mir

Viele Töne,
die du mir geschenkt hast,
liegen hier im Herzen brach,
und ich denk darüber nach,
wie ich sie zum Klingen bringe.

Grauer Alltag,
den ich oft in mir empfand,
hat manch Farbe arg entstellt,
doch ich weiß, sie wird erhellt,
weil ich unsre Liebe mag.

(1970)

Mein Staunen

Still senkt sich die Nacht hernieder,
die uns allen Sehnsucht schenkt;
Sehnsucht nach dem Nichterlebten,
das in uns nach Leben drängt.

Und je kühner sich der Himmel
über uns ins Endlos spannt,
umso tiefer wird mein Staunen,
dass ich dich im Dunklen fand.

(1970)

Ein Herbstlied

Unterm Wetterdach des Herzens
fühl ich, dass du bei mir bist,
dass das unruhvolle Klopfen
nur ein Stück des Schattens ist.

In den langen, bangen Nächten
hüllen uns die Nebel ein
und der wärmende Gedanke,
füreinander da zu sein.

Und ich denke an das Leben,
das wir uns aus Sehnsucht baun,
und ich küsse deine Augen,
die mir tief ins Herze schaun.

(1971)

An den Mond

Heute Nacht habe ich dich gesucht,
mein alter Freund schlafloser Stunden.
Sagen wollte ich dir,
wie schwer mein Herz ist –
trösten solltest du mich.
Aber du warst fort,
tief, tief versunken
in den Wolken
deines eigenen Kummers.
Und nun spüre ich,
wie kalt es ist,
einsam zu sein.

(1971)

Neid

Wie ich die Vögel beneide,
meine gefiederten Freunde
endloser Fernen!
Rechtmäßige Besitzer
der Lüfte sind sie,
weit ihre Wege –
ohne Pass,
ohne Auftrag,
Zäune sind Raststätten
erquicklichen Pfeifens –
ihre Grenze:
nicht zu denken!

(1971)

Unsere Seele

Wenn du mein Herz
in deine Hände nimmst,
fühlst du,
wie es zittert.
Was du hörst,
ist die Seele –
sie schluchzt,
schluchzt wie ein Kind,
denn ein Kind
ist unsere Seele.

(1971)

Unserem Kind

Wenn wir den langen Tag überdenken,
den langen müden schönen Tag,
dann bleibt von ihm nur eins:
Gedanken an dich …
Deine Augen,
Deine Hände,
Dein Lachen,
Dein Bitten …

Geadelt sind wir,
streichst du sanft
über unser Gesicht,
das auch deins ist.

Stehen an deinem Bett,
Tränen sind Perlen des Glücks;
Kosen dich,
und deine Wärme –
Hauch deiner Hände –
Und alle Liebe gehört dir,
denn du bist wir …

(1971)

Minnelied

Es hat ein großes Sehnen
mein liebend Herz umfangen.
Es wächst mit jeder Stunde
mein Hoffen und mein Bangen.

Wie soll ich von dir scheiden,
wenn ich dein Lieben mag
und mitternächtge Sonnen
erscheinen mir am Tag?

O, wenn dein Herz sich nie mehr
von meinem könnte wenden,
so sollen beide Seelen
in unsrer Sehnsucht enden.

(1971)

Endlos

Du siehst mich –
Ich sehe dich.
Du weißt –
Ich ahne.
Endlose Gedanken sind wir -
Zwischen Sein und Werden.
Und so ist das Leben:
Kommen und Abschied,
Liebe und Trauer,
Leid und Fröhlichkeit.
Aber etwas bleibt uns –
Die Hoffnung.

(1971)

Winterzeichen in Leningrad

Hart schlägt der Frost an den Strand,
drängt sich durch Straßen und Bäume,
klammert am Fels sich –
erstarrendes Land,
hast du begraben die Träume?

Seh mich mit dir Hand in Hand
schreiten im klirrenden Eise,
und am Gestein dort,
an lebloser Wand,
Zeichen ohnmächtiger Reise.

(1971)

(Winterzeichen: Verliebte junge Leute drücken ihre heißen
Hände in den dicken Frostreif auf Steinen, Brücken, Säulen und
Denkmälern in St. Petersburg.)

Post von Dir

Du kommst
auf einen Sprung
zu mir –
für Minuten,
für Sekunden.
Nah bist du mir,
und mich beschleicht
das bekannte Unbekannte.
Nun spüre ich,
wie sehr ich dich mag.
Entfernung wird Sehnsucht,
Liebe zur Trauer,
und übrig bleibt –
unsere Hoffnung.

(1971)

Chronos

Wie zäh
muss ein Tropfen sein,
um ihn als Maß
für einen Tag zu begreifen?
Vor dem Spiegel
fahr ich mit der Hand
über das Gesicht –
glatter wird es nicht –
und die Augen,
sie suchen in sich
jenen Schimmer …

(1971)

Heiliger Abend

Lautlos gleiten meine Schmerzen
durch die stille Weihnachtsnacht.
Irgendjemand hat entfacht
in mir zitternd tausend Kerzen.

Hoffend klingen fromme Lieder
durch die dumpfe Kirchenwand,
und ich fühle deine Hand,
aber eilig gehst du wieder.

Treibend wie ein kalter Hauch
schreit ich weiter in den Tag,
weil ich unsre Sonne mag;
doch ich weiß, du liebst sie auch.

(1971)

Weihnachten

Wenn du in die Nacht hinaustrittst,
wirst du meinen Seufzer hören –
diesen einen Seufzer
in der einen Nacht,
die allen das Heil verkündet.

Wo bleibst du, Stern?
Ich suche den Himmel ab,
du aber bist hier,
hier auf dieser schönen Erde …
Dein Atem klingt an mein Ohr,
deine Hand liegt auf meinem Herzen –
und ich warte … und warte …

(1971)

W i r

Wir erhaschen den Funken
im Auge des anderen,
können Ruhe nicht finden,
eh nicht getauscht der erste Kuss,
eh nicht getrunken die erste Träne
am Busen des anderen.
Welch eine Wehmut!
Wer könnte das je begreifen,
wenn nicht wir,
die wir über unebene Wege gleiten,
über Wurzeln stolpern,
über kantiges Gestein –
immer die Hand,
immer das Band
des anderen wissend –
spürend jenes
klingende, singende
W i r ...

(1971)

Besinnung

Woher kennen wir uns?
Fremd bist du mir nie gewesen:
Ich kannte deine Augen
und habe sie gesucht,
ich kannte deine Lippen
und habe sie gefühlt,
ich kannte dein Herz
und folge seinem Schlag.
Fremd waren wir uns nie,
aber entdecken werden wir uns ewig.

(1972)

Roedeliusplatz 1

(Scheidungsgericht)

Schwarz ist der Untergrund
jenes Schaukastens
vis-à-vis vom Zimmer 18.
Ein Drahtgitter
lässt splitterndes Glas
nicht zu.
Es splittert und klirrt
in den Herzen
der hier Wartenden.
Und der Korridor
dehnt sich aus –
wie ein riesiges Kreuz.

(1972)

Passion

Einen Tempel der Liebe
hatten wir uns errichtet.
Schon beim ersten Dröhnen der Glocken
brach unsere Feste erschüttert zusammen.
Ein Splitter des Kreuzes aber,
das von unseren Küssen benetzt war,
drang tief, tief in mein Herz.

(1972)

Innerer Monolog

Wie das Klopfen
meines Herzens
schreiten wir
durch die
finstere Allee
des Hasses,
der Missgunst –
Hand in Hand
Auge in Auge,
in uns der eine Gedanke,
der sich lohnt
für das kleine Licht
dort in der Ferne,
hinter der
finsteren Allee.

(1972)

Gedanken im Hospital

Einen Strauß
stellst du
an mein Bett –
sieben Nelken – sieben Sinne,
die du ganz auf mich
gerichtet hast.
Und der Abend,
der am Himmel versinkt,
wird dir sagen,
dass meine Seele
bei dir ist.
Und das Leben?
Scheint es nun noch sinnlos?

(1972)

Herbstesahnen

Die Blätter in den Zweigen,
sie kräuseln sich im Wind
und ahnen schon das Schweigen,
wenn sie gestorben sind.

Wenn sie zur Erde fallen
im farbenfrohen Kleid,
die dichten Nebel wallen
den Weg zur Ewigkeit.

(1972)

An Jean-Jacques Rousseau

Ein Stück des Waldes bin ich –
ein Ast, ein Blatt,
ein Wispern, Flöten, Raunen.
In mir summen Bienen Psalmen,
zimmern Spechte Särge …
Wie könnte ich mich
an all dem erfreuen,
wenn du nicht da bist …
Das Leben hat einen Anfang
und ein Ende –
dazwischen sind wir,
ein Stück des Waldes.

(1972)

Abendsonne

Sonne –
Heizkraftwerk des Weltalls –
nähme ich dir
Deinen Nimbus,
wären die Bäume
im roten Scheine
des Abends
nicht mehr
Märchengestalten,
die mir traumhaft zunickten.
Aber gerade diese Welt
liebe ich …

(1972)

Entdeckung

Heute Nacht hab ich einen Traum gesucht,
einen Traum, den ich irgendwie kannte.
Wo ich ihn wiederfand?
In der Knospe am Strauch,
im Tirili der ersten Lerche,
im lauen Wind in deinen Haaren –
lächelnde Wiedergeburt des Frühlings,
der uns beiden so neu ist,
und doch mein schöner, alter Traum.

(1972)

Vorahnung

Jeder Abschied –
mag es scheinen
nur für Stunden –
liegt wie Zentnerlast
auf meiner Brust.
Wenn ich schuldvoll
in den Spiegel schaue –
Herbstlicht flackert
unter meiner Braue –
hab ich dieses Fühlen
vorher schon gewusst.

(1972)

Altweibersommer

Der Schlüssel
auf meinem Tisch
erinnert mich,
dass ich eben
gekommen bin.
Hundebellen fern,
Sommerfaden krallt
wie Hexenfinger
um meinen Hals sich,
schüttle den Schlaf
aus den Augen
und warte –
auf die Sonne.

(1972)

Hoffnung

In meinen Schläfen
hämmert Bitternis.
Soll ich denn lachen
über eine Welt,
die sich selbst betäubt?

Dies kleine Stück,
das das Kinn
von der Brust hebt,
heißt
Hoffnung.

(1972)

Das Duett

Unruhig schlägt mein Herz,
quält im Duett
mit der Zeit sich.
Aber die Zeiger,
sie bleiben nicht stehn,
und jeder Herzschlag
folgt bang ihrer Spur.
Worauf wartest du, Zeit?
Worauf wartest du, Herz?
Eines Tages, Chronos,
wirst gewinnen du doch.
Jetzt aber –
bleib der Stärkere ich!

(1972)

Rufe

Schweigen schicke ich in die Nacht –
Rufe fragender Sehnsucht.
Du bist die Antwort –
dein Herz in mir,
mein Herz in dir –
seitdem gibt es unsere Hoffnung.

(1972)

Gesetze

Baum drängt
am Berghang
zum Licht,
gräbt in den Fels –
ins Geschmeide der Welt –
seine Wurzel;
trotzend den Gebärden
der Natur,
im Banne ihrer Gesetze.

Wie anders
würde er
überleben …

(1972)

Vergleiche

Schön
wie ein
Mondsplitter
bist du mir
seit »Apollo«,
seit »Luna«
nicht mehr –
armer Erdbegleiter!
Such ich
doch nun
meine Vergleiche
woanders ...
Hier,
wo meine Hand
die Waldblumen
liebkost,
bist du
etwas selten
Wunderbares.

(1972)

An unser Ungeborenes

Wie eine Liebkosung
mit der die Sonne
ihre Strahlen in dein Gesicht malt,
wirst du all das Glück sein,
das wir uns erhoffen.

Hand in Hand
in dieser Sonne
werden wir sein
das Glück selbst.

(1972)

Die Heilige in der Teynkirche (I)

Eine Rose
bietest du mir –
lächelnd,
gütig –
nein, ich habe
sie nicht verdient!

Mein Herz
ist voller Trauer –
und deine Augen
antworten.

(1972)

(In der Prager Teykirche steht eine Skulptur der Hl. Elisabeth)

Die Heilige in der Teynkirche (II)

Du bist noch da!
Und seis auch nur
für einen Augenblick
muss ich zu dir
und fühln in mir
den Blick auf mich.

Vom Orgelwerk
klingts hoch hinauf,
und meine Seele
schwingt im Meer Musik –
Gloria Dei.

Du hältst sie
immer noch
für mich bereit –
die Rose zart
in deiner Hand.

Zu schön bist du,
um ganz allein
das Kreuz der Welt
zu tragen.

Keine Kreuze
wollen wir –
deine und die Schönheit
der Welt
lasst uns preisen –
Kyrieleis.

(1985)

Zeichnendes Kind

Blumen und Sonnen,
Sonnen und Blumen -
weit schwingt
die Hand
über das Blatt;
Zungenspitze fährt Karussell
über die rote Ellipse
des Lachens.

Und Freude
glänzt aus den Augen,
den offenen,
wenn das Werk
seinem kleinen Meister
zurückstrahlt.

(1972)

An meinen Jungen

Wenn ich
an dich denke,
weiß ich,
was ich
für dich
nicht getan habe ...

Glaubst du,
ich werde
so glücklich ?

(1972)

Gedanken fürs Neue Jahr

Ich glaub,
ich muss mich
immer wieder neu
in dich verlieben.
Dann weiß ich,
dass du mir
das bist,
was du
von mir erwartest –
liebens-lebenswerter Augenblick
für immer.

(1972)

Bei dir

Aus meinen Augen,
den tiefen,
reib ich die Erinnerung
der vergangenen Nacht.

Weintest du leis?
Nun such ich
den Himmel ab
nach dir …

(1973)

Stille

Unter deinen Haaren
verberg ich mich –
Stille …
Zwischen den Zweigen
schlägt die Nachtigall,
und das Ticken
deines Herzens
erinnert mich daran,
dass wir da sind.
Der Hauch,
der von deinen Lippen
an mein Ohr dringt,
wird zu Melodie
meiner Sehnsucht.

(1973)

Zu früher Morgen

Stehst an der Tür,
zurückhaltend den Schmerz,
der sich erst entlädt
im weißen Dunstschleier
des Zuges,
einhüllend dein Gesicht.

Übrig bleiben
zwei rote Punkte,
die im frühen Morgen
sich entfernen …

Und Sonne,
wann gehst du auf?

(1973)

Tallinn

Im zwölften Stock –
»Viru« –
hinterlasse ich
einen Kerzenschein,
der verblasst
in der Weißen Nacht
zwischen Heute und Morgen.
Nebel steht in der Bucht,
und deinen Kopf –
»Oleviste« –
kitzelt schon die Sonne.

(1973)

(Viru = Hotel in Tallinn, Oleviste Kirik = St. Olav's Kirche. Der
Turm ist 123,7 m hoch, war bis zum Brand 1625 mit 159 m das
höchste Gebäude der Welt.)

Essay

Unter Brechts »Maske des Bösen«
war nicht das Böse,
denn das Böse
trägt keine böse Maske –
es maskiert sich
mit Blendwerk.
Das Böse
offenbart sich,
verliert es die Maske.

(1973)

Warten

Ein Stückchen Wind,
ein Wolkenfetzen,
ein Turbosausen
und – eine Träne …
Kommen und Abschied,
Trennung und Wiederkehr.
Papier auf dem Schreibtisch –
Verwirrung und Ordnung.
Und aus der
Schale der Erinnerung
treiben die Ranken
ans Licht,
graben sich
zwischen die Bücher,
die ewig verstaubten.
Briefe warten auf Antwort –
Viele warten auf Antwort –
Ich selber warte auf Antwort …

(1974)

Asche

Abschied …
Verblichene Hoffnung
fast haderten wir mit dir.

Aufgeben
soll ja niemand
den Funken,
der Liebe heißt
und eigentlich
Herz und Seele vereint.

Fort
trägt der Wind
einen Fetzen Rauch,
und aus der Asche
höre ich
deine Stimme …

Leben,
ist das
schon alles?

Asche
auf meinem Herzen …
Immer,
wenn es dort brennt,
weiß ich,
dass du an mich denkst, Mutter.

(1974)

Erinnerung an die Zukunft

An den Ästen,
den knorrigen,
den alten,
den jungen
zerrt heute
der eisige Wind.

Morgen schon
zwingt die Sonne
die Knospen,
und der Wind
wird sein
eine Liebkosung.

Werden wir dann
nicht nur die Bäume
neu entdecken?

(1974)

Nebel der Vergrämung

Liebe,
du süße Bitternis
des Hasses,
der aus
den Grüften
der Erinnerung steigt.

Zäh nur
teilt sich
der Nebel
der Vergrämung,
und die Blöße
gibt spärlich
die aufkeimende
Vernunft frei,
die gepflegt
sein will –
jahrelang –
eine Ewigkeit …

(1974)

Weissagung

Aus der kleinen
zierlichen Tasse
blicken mich
die schwarzen Augen
Armeniens an.

Freunde,
künftiges Glück
habt ihr mir
daraus gelesen.
Warum das?
Ist es nicht da
zwischen euch und mir …

(1974)

Tizernakaberd

Aus der
murmelnden
züngelnden Flamme
schaut mein Gesicht
auf mich.

Unfassbar
dieses Duett
aus Dasein
und Gewesensein.

Und die
Flamme zeichnet
meine Gedanken
auf das greise
weiße Haupt
des Ararat,
der sich
mahnend erhebt
und mir –
auch mental –
neue Dimensionen
schenkt.

(1974)

(Genozid-Mahnmal in Jerewan/Armenien)

Pax Christi

An den tropfnassen
glitschigen Wänden
suchen meine Hände
im Dunklen
das Zeichen –
spiritus sanctus …

Meine Augen
blicken in dein Gesicht.
Lichtjahre
lächeln zurück.
Jahrtausendekrümel
grinsen ihr Überleben
aus den Höhlenritzen
des Gesteins –
und mir
entschwindet
das Maß aller Dinge.

Draußen
auf den Bäumen
gurren die Tauben.

(1974)

(Höhlenkloster Geghard-Airiwank – XI. – XIII. Jh./Armenien)

Trinkspruch

Seh ich die Tulpe im Frühling,
werde ich glücklich und froh.
Wie sie den Kelch sich mit Tau füllt,
füll ich mich ebenso.

Und jeden Tropfen des Weines
saugt meine Seele sich ein.
Was für die Blume der Tau ist,
ist für die Liebe der Wein.

(1975)

Palestrina

Auf gepackten Koffern
lausche ich
in die Unendlichkeit ...

Giovanni Pierluigi,
ein Hauch deiner Musik
klingt in mir fort ...

... und mit einem stolzen Akkord
trägt der silberne Vogel
mich hoch über die Wolken
dem aufsteigenden Morgen zu ...

Komme ich zurück,
brennt für dich eine Kerze ...

(1977)

Mein Ring

Aus meinem Ring
ist das Gold entwichen –
rot nur,
rot wie ein Riss im Herzen,
matt wie ein Kienspann
an tropfnasser Wand
weist er mir nun
den Weg
durch die dunkle Ahornallee
der Bitternis –
zu einem Punkt nur –
weit, weit in der Ferne …

(1979)

Die fünf Sinne

Alle Sinne habe ich auf dich gerichtet,
alle Sinne, die das Leben mir geschenkt.
Denn der Sinn für alle meine Sinne
wird durch meinen Sinn für dich gelenkt.

Wenn ich wartend bang in deine Augen blicke,
ist's, als klingt Kristall in meinem Herz.
Dieses Sehnen ist viel mehr als Sehnen,
es sind stille Rufe himmelwärts.

Wenn ich deine Stimme höre,
schwingen viele Fragen darin mit.
Diese Fragen und die Antwort, die wir geben,
leiten mich mit jedem Schritt und Tritt.

Sicher könnt ich über Küsse schreiben,
die ich manchmal sogar schmecken kann.
Diese Küsse sind wie reife Kirschen
für den nimmer reifen Mann.

Wenn mein Mund mit zarten Schwingen
wandern geht auf deiner Haut,
ist's, als wäre eine Sommerwiese
nur für uns mit lauem Duft betaut.

Alle Sinne habe ich auf dich gerichtet,
alle Sinne, die das Leben mir geschenkt.
Wenn ich deinen Atem fühle,
bin ich ganz und gar in dich versenkt.

(1979)

Schmerz

Es rauschen mir die Wälder
ihr grünes Lied ins Herz.
Die dürren Äste stöhnen –
sie teilen meinen Schmerz.

Die Vögel auf den Zweigen,
sie schweigen in der Rund.
Sie blicken auf mich nieder,
ich kenne ihren Grund.

Die Sonne, die die Wiesen
so farbenfroh gemalt,
sie hat in ihrem Kummer
nicht mehr so hell gestrahlt.

Doch hält sie ihre Strahlen
für uns allein zurück,
denn sie und ich, wir glauben,
es gibt es noch – das Glück.

(1979)

Andacht

Wie oft hab ich um dich gebangt,
und wie ein Halm im Reif geklirrt
mein Herz, das dich verlangt.

Ich hab gebangt,
und auch geirrt bin ich
durch Höhn und Tiefen,
mit Wellen, die wie eine Spur
im Sand verliefen.

Ich fand dich dennoch,
und ich will so bleiben – bei dir –
von dir kann mich nichts treiben,
auch wenn wir schliefen.

(1979)

Wenn ich vor dir steh

Wenn ich vor dir steh,
sind verwirrt mir die Gedanken,
und es öffnen sich die Schranken,
immer, wenn ich von dir geh …

Wenn ich vor dir steh,
könnt ich schöne Lieder singen,
die uns in die Ferne bringen
ohne Leid und Weh …

Wenn ich vor dir steh …

(1983)

Nachdenken

Ich habe viele Wochen
schon über uns gedacht:
Was ist es, was im Innern
mich so verworren macht.

Mir ist bekannt das Ahnen,
ich nehme es in Kauf.
Wir ziehen unsere Bahnen
gleich wie der Sonne Lauf.

Und sollten wir uns treffen
auf unerforschter Bahn,
dann wird es sich erweisen,
wer zieht den andern an.

(1983)

Frühlingslied

Ein Tau
tropft auf die Erde …
Wächst ein Lied uns da?
Amselmännchen sang es
weit, weit über die Wipfel.

Und unten,
wo die Sonne
die Krume wärmt,
reckt sich die Tulpe –
rot glüht es im Grünen.

Kann man da
nicht staunen,
mitsingen,
mitrecken sich,
taubenetzt
auf den Kuss
der Sonne warten …

(1984)

Lauschen

»Raschelnd unter meinem Tritt …«
hat mein Dichter einst geschrieben.
Ja, die Blätter sind geblieben,
und ich schmücke mich damit.

Spüre sie auf meiner Seele,
wo ich doch den Frühling mag,
den ich tief im Herzen trag,
dessen ich mich heute quäle.

Mich erfasst ein großes Lauschen
in mich sinnend selbst hinein –
das kann nur mein Leben sein,
und ich hör die Blätter rauschen.

(1985)

(»Mein Dichter« ist Louis Fürnberg, aus dessen Gedicht »Jugend«
der Sammlung »Wanderer in den Morgen« – 1951 – ich hier zitiere)

Rehe im Schnee

Rehe fliehn schüchtern im Harsch,
Spiegel verschwindet im Holz;
Winter, wie rau und wie barsch
zeigst du so früh deinen Stolz.

Amselschrei hat sie gewarnt,
dass sich ein Menschenschritt naht.
Hattest im Weiß dich getarnt,
aber ich kenn deinen Pfad.

Oben im morschen Geäst
klopft flink ein Specht seinen Takt,
bis er es endlich gepackt,
was ihn so emsig sein lässt.

Dieses Bild ist mir vertraut,
denk, ich gehöre dazu,
finde bei euch meine Ruh,
spür den erlösenden Laut.

(1985)

Warschau – Tschernobyl

(26. April 1986)

Die Sterne über uns
schaukeln ihren Widerschein
auf den Wellen der Weichsel …
Aus der fernen Finsternis
dringt unsichtbar die
entfesselte Macht des Atoms …

Lau ist die Nacht
und schön.
Ich schaue den Pärchen nach,
träume und weide mich
am Meisterwerk des Sprossers.
Wer ahnt,
was über uns hereinbricht …

Vorahnung des Jüngsten Gerichts,
des lautlosen,
des schleichenden,
des unbarmherzigen,
des selbstverschuldeten?

Schuld,
wie groß musst du sein,
damit der Verstand einsetzt?

… und ich lasse die Seele baumeln
in dieser unvergesslichen Nacht
am Ufer der Weichsel …

(1986)

Herbst

Der Herbst hat seine Blätter
wie Gold um uns gestreut.
Er weiß, was er gemalet,
dass er für uns so strahlet
und unser Herz erfreut.

Ich suche deine Hände,
fast scheu betast ich sie.
Du schaust in meine Augen –
soll unsre Liebe taugen,
dann frag nicht nach dem Wie.

Vom Turme schlägt die Glocke –
ich weiß, nun ist es Zeit.
Ich such noch mal die Hände
und schrei still an die Wände:
Ich bin für dich bereit.

(1986)

Träume

Ich habe meine Träume
in deine Hand gelegt.
Ich spür von deinen Lippen,
wie sie das Herz bewegt.

Es waren Freudentränen,
die du gesehen hast,
weil du mir meinen Träumen
so große Hoffnung gabst.

Behalte meine Träume
und lasse sie nicht los,
dann falln dir meine Tränen
als Perlen in den Schoß.

(1986)

Was bleibt

Ich heb von deiner Liebe
den Sonnenstrahl mir auf,
trag ihn in meinem Herzen.
Trotz aller meiner Schmerzen
geb ich ihm freien Lauf.

Ich heb von meiner Liebe
das goldne Herbstblatt auf,
das mir vom Baum gefallen.
Von schönen Blättern allen
heb ich dies eine auf.

Ich heb von unsrer Liebe
die stille Sehnsucht auf.
Sie hat mich hier begleitet,
hat auch dir Schmerz bereitet –
nun nimmt sie ihren Lauf …

(1986)

Sommergruß an die See

Ich neide dem Wind
das Kraulen in deinen Haaren;
eifersüchtig bin ich
auf jenes Sandkörnchen,
das an den Ort des Geheimnisses
unserer Berührung dringt;
und die Möwe,
die über dir kreist,
kreischt meinen Gruß zu dir.
Auf deinen Lippen den Tropfen –
den salzigen –
verachte ihn nicht:
Es ist mein Kuss,
der wieder süß schmeckt,
bist du bei mir.

(1987)

Erinnerung an das Jahr 33 n. Chr.

Welcher Zimmermann
fertigte das Kreuz
für den Zunftgesellen
aus Nazareth?

Hoch kreisen
die Geier
über Golgatha,
lechzend nach seinem Herz.

Sie finden es nicht –
es schlägt in uns …

(1988)

Am verschlossenen Friedhofstor

Die Schritte
im silbernen Schnee der Nacht
sind von mir.

Im Schatten
des geschmiedeten Tores
sehe ich mich –
auf der anderen Seite.

Mutter!
Ich bins –
ein Stück deiner Seele!

Sorge dich nicht,
denn es ist noch Zeit
für unsere Begegnung
hinter den geschmiedeten Stäben.

(1988)

An der Ostsee

Von der See her
röhrt der Wind
durch die Föhren
vor der Küste.
Und die Brecher
mischen Gischt
bis zum Strandweg.
Möwen über uns
strecken sich,
biegen nieder
ihr Gefieder
und stehn,
getragen von der Strömung,
in endloser Dröhnung –
Welle auf Welle –
im Wasser
und in der Luft.

(1988)

Geständnis

Die Liebe hat uns stark gemacht
in vielen schweren Stunden.
Ich hab darüber nachgedacht
in einer langen Sommernacht –
so tief hab ichs empfunden.

Wenn du nicht da bist,
fehlt mir was –
ich will es nicht verschweigen.
Es flüsterts mir das bunte Gras,
die blaue Tanne weiß etwas,
und Wind rauscht unsren Reigen.

Doch wenn ich aufwach aus dem Traum,
da seh ich steile Klippen.
Ein Vogel wiegt sich hoch im Baum,
es schwebt herab ein zarter Flaum
und streichelt meine Lippen.

(1988)

Meditation

Du warst für mich der Brunnen,
der meinen Durst geduldet.
Er ist versiegt, vertrocknet …
Ich hab es selbst verschuldet.

Ich wollt, ich wär die Quelle,
die neues Leben spendet.
Doch was ich bin, das weißt du …
Ich bin vor dir verendet.

Doch kenn ich einen Balsam,
der mich erweckt zum Leben:
Ein Lied mit dir gemeinsam
kann neue Kraft uns geben.

(1989)

Gedichtkreise

(Zyklen)

»Wir haben unsere Träume,

weil wir ohne sie die Wahrheit

nicht ertragen könnten.«

Erich Maria Remarque
in »Arc de Triomphe«

Neue Liebeslieder

(1965)

Die Neuen Liebeslieder sind dem Schweriner Kammerchor ge-
widmet. Sechs davon wurden vom sorbischen Komponisten *Dieter
Nowka* (1924 – 1998) vertont (UA durch den Kammerchor 1966).
Erschienen sind sie im Verlag Neue Musik und in der IMB.
Der Rundfunk-Jugendchor Wernigerode unter Friedrich Krell
führte sie 1973 auf.

I

Gedanke

Man sagt,
dass für jeden die Sonne scheine –
doch ich meine,
dass sie dem nur strahlt,
der liebt.

II

Dir

Ein neues Liebesgedicht soll es werden.
Bei wem soll ich abschreiben?
Bei dir!
Deine Sterne, der Mond,
und jede Wolke ist ein Hauch
deiner Haare ...

III

Gruß

Ich gehe im Zimmer auf und ab,
und wenn ich ans Fenster trete,
dann seh ich den Mond ...
den stillen, goldenen Mond ...
Und schweigend grüß ich ihn,
weil ich weiß,
dass er auch dir scheint.

IV

Sequenz über eine Bank

Ja, am Tag
blieb sie leer.
Viel zu weit
für die Kur gegen Rheuma.
Aber nachts,
aber nachts
war Betrieb –
fast zu nah
für die Kur gegen Sehnsucht.

V

Liebe

Ein neues Finden ist's,
ein gegenseitig Geben –
so schlagen fühl mein Herz
mit neuer Kraft,
damit uns laben
unsre allerschönsten Reben
mit jungem, strahlend frischem Saft.

VI

Den Jungen Greisen

Keinem ist es wohl gelungen
»jungen Greisen« einen Lobsang zu weihn;
die nicht lieben,
wenn die Liebe nah ist –
die nicht fühlen,
wenn die Sonne da ist!
Was bleibt ihnen dann noch?!

VII

Doch, immer noch ...

Neulich hört ich fragen,
ob denn noch modern
der Gang zu jener Bank?
Doch, wir lieben immer noch
den klaren Himmel
und die weißen Sterne,
das dunkle Laub,
den Flüsterduft im Grase ...

VIII

Geständnis

So lieb ich dich,
wie du Blumen liebst ...
nicht nur die Rose,
auch deine Fältchen,
weil das Lächeln sie gebar.

Sieh Dich im Glase wohl

(Über die Offenbarung der vier Temperamente)

Prolog
Sanguiniker
Melancholiker
Phlegmatiker
Choleriker
Kehraus

(1966)

Der Komponist Alfred Koerppen (1926) verwendete diese Texte für sein Werk »Vom Wein und den vier Temperamenten« für vierstimmigen Männerchor (Edition Ferrimontana Frankfurt 2008, UA am 18.3.2011 in Limburg durch den Männerchor Cantabile Limburg).

Prolog

Ehre die Sonn,
sie bringt Wärme und Licht;
ehre die Sonn,
eh dein Licht dir gebricht!
Hier in dem Becher –
hei, wie es zischt –
ist Sonn eingeschmelzt ...
Drum nimm dieses Glas,
du erkennst dich bald selbst.

Sanguiniker

Ich will,
ich soll,
ich kann,
ich muss –
mir wird es auch gelingen:
hier, diese Schale – welch Genuss ...
werd in die Knie ich zwingen.
Drum, Freunde, hier mein Herz,
es singt und tanzt im Weine ...
wie weit du bist, mein Schmerz ...

Melancholiker

Ich sitze beim Wein
und ich lausche
in die endlose Stille hinein,
und die Träne,
sie tropft in den Becher,
denn es muss geschieden sein …

So haben mich Trauer
und Liebe
tief gefangen im perlenden Fluss …
und die Träne,
sie tropft in den Becher,
weil ich immer dich suchen muss.

Phlegmatiker

Soll ich etwa danach suchen,
was ich einst verloren hab?
Hin der Tag,
fort mein Weib;
Schinken, schlecht bist du geraten!
Wein, nach dir kann ich nur schlafen!
So leb denn wohl,
du schnöde Welt!
Was schert mich Gut,
was schert mich Geld!
Schon viel hab ich bislang geträumt
Und nie etwas dabei versäumt ...

Choleriker

Wein nennt man dich?
Ha, bist gut nur zum Saufen!
Her mit dem Glas,
eh ein andrer es nimmt!
Reiß ab vom Stuhl ein Bein,
schlag ihm die Nase ein!
Was will die Welt,
hab zum Trinken mein Geld ...

Hast doch dein Maul
dir vergessen zu putzen,
als rasch der Saft
durch die Kehle dir floss ...

Wein, o verzeih,
dass die Sonn ich vergoss ...

Kehraus

Wenn die Welt in ihrem Triebe
sich der Kraft des Weins besinnt,
wenn die Träne deines Mädchens,
die aus ihrem Auge rinnt,
ist wie Tau und hell wie Glas,
kommt aus Freude an der Liebe
auch zum Leben Lust und Spaß.

Fünf Epigramme

Preislied
Enge
Weite
Verkenntnis
Katharsis

(1968)

Diese Spottverse wurden mir damals von einem Komponisten mit der Bemerkung zurückgesandt, dass »sie wohl zu gewagt seien in der DDR«.

Preislied

Der Psalmen sind genug ersonnen
als Ohrbalsam imaginär.
Schau dich doch um,
was da ersponnen,
ist selbst für DEUS
sehr prekär.
Ich will ein neues Preislied singen,
für manchen wahrlich nicht galant.
Es lobt mit messerscharfen Klingen
den Seelenfrieden hier im Land.

Enge

O herrlich gevierbeinter Schreibtisch!
Wie du dich abhebst
im Lichte von Weiß
und rings alles belebest
durch den Odem von Schweiß,
der vergossen –
allein für dein Dasein ...

Weite

Wenn du auf einer Brücke stehst
und hübsch guckst
und von einem Ende
zum anderen spuckst
und nicht barfüßig hinkst,
sondern ein Liedchen singst –
dann wird dir das Herz auch nie enge
und du bleibst selbst du selbst im Gedränge.

Verkenntnis

Du darfst,
du kannst,
du sollst,
du musst
das retten,
was unrettbar ist.

Und hast dus etwa nicht gewusst,
dann bleibst du ewig unvermisst ...

Katharsis

Wie es rauscht,
wie es bebt,
wie es lauscht,
wie es lebt ...
Und Gefels, das dich trägt,
wird behämmert, besägt.
Und du liegst,
und du lauschst,
wie es bebt,
wie es rauscht ...
Und du gehst,
und du siehst,
wie weit alles gebracht -
und du schämst dich -
ganz sacht.

Wetterleuchten über der Trasse

(1975-77)

1975 wurde in der Ukraine mit dem Bau des DDR-Abschnitts der Erdgasleitung (»Drushba-Trasse«) begonnen. Ich war dort bis 1977 tätig. Im Barackenlager in der Gebietsstadt Tscherkassy am Dnepr sind unter anderen die folgenden Gedichte entstanden.

Begegnung

Unter dem Baldachin
der Ferne
küsse ich dich
jeden Abend –
bevor ich meine Gedanken
auf die unendliche Reise
zu deinen schicke.

Wo begegnen sie sich?

In unseren Herzen,
den schweren,
den wartenden,
den tapferen,
den glücklichen.

(1975)

Trassen-Morgenlied

Früh dampft der Dorfteich
bei Boltyschka,
Bachstelze wippt mit dem Schwanz,
Sonne steigt hoch –
Alexandrowka –
das wird heut wieder ein Tanz!

Rüttelt der PAS mich
zur Arbeit wach
über das endlose Feld –
hänge ich meinen Gedanken nach,
was mir an dir so gefällt.

Mädchen, das kann doch nicht alles sein,
was unser Leben bestimmt.
Viele solcher Trassen
werden wir uns noch verpassen –
das macht uns stärker, mein Kind!

(1976)

(Boltyschka: ukrainisches Dorf im Rayon / Kreis Alexandrowka
Alexandrowka: Kreisstadt (Rayon) im Gebiet (Oblast) Kirowograd
PAS: 23-sitziger Bus aus dem Pawlowsker Automobilwerk)

Disco

heiß
dröhnen die Boxen
durch den Saal
hauteng
Schweiß ...
wohin
eilen die Gedanken?
Warten
Schönheit
Ersatz
Ungeduld
auch dort
unter dem Rohr –
wo die Elektrode zischt...
Eis kracht
beim Gesang
heiß
Schweiß
heute
morgen
immer ...

(1976)

Nachtschicht

Regenverhangene Nacht
über der Ukraine.
Schwarzerde dürstet
noch immer -
aber die Trasse?
Zäh ziehen Ketten,
schmierschwerer Schlamm
klebt an Stiefeln
und Rohrkran.

Im Scheinwerferstrahl
wächst die Schlange aus Stahl,
in sich ahnend
gebändigte Energien.
Es verhallt ein Fluch
über Wetter und Schlamm
im Zischen der Elektroden,
im Tuckern der Generatoren,
im Wind über dem weiten Land.

Früh,
ganz erschlagen,
weckt uns ein Kinderlachen.
Blumen am Bus,
der ins Wohnlager rollt,
zum Fest
fern der Heimat.

(1976)

Mutter Heimat

(Matj Rodiny)

Endlose Aprikosenallee …
Blick schweift
über das wogende Gold,
mir zuwinkend,
knisternd
unter ukrainischer Sonne.

Hoch stürzen
die Wolkenfesten,
rasch vermehren
sich Tropfen …

Scheu
blicken Kinder.
hüten
die Kühe,
trotzen
den Naturgewalten –
sind sie doch
ihnen entsprungen.

Drüben,
tief gebückt,
emsig am Werk,
eine Schar
Frauen und Mädchen –
im Rübenfeld des Sowchos –
Sonne und Regen,

Regen und Sonne –
das härtet …

Sah ich nicht
gleiche Tücher,
Blicke,
Winken
beim Straßenbau
kurz vor Uman?

Ja, sie ist es!
Ihr Lied
und ihre Hüften
sind verlockend …

Mutter Heimat –
lang schon,
aus Büchern,
kannte ich
dein Abbild.
Heute aber
sehe ich
dein Original –
das wahrhaftige.

(1976)

(Sowchos = Staatsgut; Uman = Stadt im Gebiet Tscherkassy)

Wetterleuchten über der Trasse

Es haben sich die Wolken
zum Tanze eingefunden.
Der Wind bläst durch die Rohre
für sie die Ehrenrunden.

Dort überm Waldschutzstreifen
versammeln sie sich alle.
Die Kumpel schaun zum Himmel –
sie kennen diese Falle.

Es zucken helle Blitze
aus diesem Tanzgetümmel,
und unter Schweißerzelten
hat jeder seinen Himmel.

(1977)

Reminiszenz

Die Störche sind fort –
Flügelschlag –
adieu, »Loch Ness«!

Herauf dringt zu mir
Motorenlärm –
Planierraupen und Kipper,
Kompressoren und Aggregate.

In der ukrainischen Erde
knistert das Rohr –
es hält Stand der Kraft,
die es prüft.

»Ein Sumpf zog am Gebirge hin ...«
Heut früh floss Beton
in die Schalung Nummer Eins.
Im Takt wird Montage sein.

Bald schon bewegt sich
der mächtige Gasstrom
weit übers Land –
Gemeinschaftskraft.

Störche,
mir geht es wie euch –
mit etwas Wehmut
winke ich zu
dem emsigen Treiben
dort unten im Tal.

(1977)

(»Loch Ness« nannten die Kumpel eine Senke an der Verdich-
terstation Alexandrowka.)

Wurzeln der Erinnerung

1990 – 2012

Frage

Du lauschst auf meinen Atem
und sinkst in mich hinein.
So kann ein Hauch des Lebens –
wir halten ihn vergebens –
ein Strahl des Glückes sein.

Du weichst nicht von der Seite
und willst am liebsten mehr.
Ist nicht der Blick der Augen,
die für die Wehmut taugen,
für unser Herz zu schwer?

(1990)

In memoriam 4. November 1989

Im Spinnenwebendickicht
fühlte ich mich
so heimisch
so umwoben.
Und die Erinnyen der Gewohnheit
sangen in den Schlaf mich.
Das muss es sein!
dachte ich und pries
den Tag der Geburt meiner Ideale.
Genau so
brauchte man uns –
sich zum Bilde geformte Menge,
eine Generation lang ohnmächtig.

Einsame Rufer,
arme Irre, die uns warnten.
Nichts Neues –
Besseres wollten sie.

Und sie siechten dahin
im Schleim des Stoffwechsels
der Interpreten.

Nicht alle.

Als das Spinnengewebe
Risse bekam, zerfetzte,
ward ein Blenden für die Geblendeten.
Wer legte die Hand auf?

Wer versprach Heilung vom Unheil?
Wer empfand sein Schämen
so tief,
so innig,
so wahr?

Und sie bewegt sich doch …
Ist nun zu viel Licht
nach so viel Dunkelheit …?

Und wie sie sich recken,
sich offenbaren
im Zerrbild des deutschen Spiegels.

Die Opfer und die Täter
vermischen sich,
kennen ihre Herkunft nicht mehr.

Allmächtiger,
halte neues Spinnengeweb uns fern
und lass die Wahrheit leuchten
im Himmel und auf Erden … Amen.

(1990)

(Fünf Tage vor dem Fall der Mauer versammelten sich über eine halbe Million Ostberliner auf dem Alexanderplatz, um für die Einhaltung der Artikel 27 und 28 – Meinungs- und Versammlungsfreiheit – der DDR-Verfassung zu demonstrieren. Es wurde »ein besserer Sozialismus« gefordert, nicht die Abschaffung der DDR.)

Traum

Ich lag auf grünen Zweigen
und war der Erde nah.
Ich fühlte jenes Schweigen,
das nur die Mutter sah.

Wie ist die Welt so trübe
in dieser argen Zeit,
wie ist mein Herz so müde
und voller Bitterkeit.

O Gott, habe Erbarmen
mit mir in meiner Not …
Ich lieg in deinen Armen
und denk, ich wäre tot.

(1991)

Unsere Musik

Sieh, die Tasten,
wie sie strahlen,
wie sie rufen,
nach dir greifen …

Leiermann
und unsre Krähe,
meine Woge
auf der See …

… trägt uns hoch
und lässt uns fallen …
die Musik,
ein tiefes Meer.

(1991)

Immer wieder

So wird es immer sein,
dass ich mich nach dir sehne,
auch wenn die Sonne sich verfinstert hat.
Du bist für mich der schönste Ton der Töne,
den mir der Himmel schenken mag.

So wird es immer sein,
dass ich mir dich erträume
und suche deine Hand und deinen Mund,
und deinen Rat,
damit ich nicht versäume
die für uns auserwählte Stund.

So wird es immer sein,
dass Trauer sich ums Herze legt
und uns erinnert an die Wirklichkeit,
die unser Leben so bewegt –
ich liebe dich in Ewigkeit.

(1991)

Sonnenfunken

Ich habe viele Sonnen
einst in dein Herz gepflanzt.
Du hast in ihrer Wärme
den Liebestraum getanzt.

Nun seh ich, wie die Strahlen
versinken tief im Meer,
rund um mich wird es kälter,
im Herzen wird es leer.

Den allerletzten Funken
heb ich für immer auf.
Er ist ein Trost im Dunklen
und meiner Sehnsucht Lauf.

(1991)

An die Musik

Tausend Töne tropfen
auf mein müdes Herz.
Diese Welt, die schöne,
ist mein tiefer Schmerz.

Wälzen wirre Wogen
sich auf meine Brust,
die sich fühlt betrogen
um die schönste Lust.

Sehnsucht, süßes Summen,
halte auf den Fall;
nie sollst du verstummen –
hier und überall.

(1992)

In Frankfurt unter dem Hauptbahnhof

In Frankfurt unter dem Hauptbahnhof,
da siehst du sie stehen und liegen;
sie trinken,
sie fixen,
sie lallen
und sind doch ein Teil von uns allen,
die sich in die Haare kriegen.

In Frankfurt unter dem Hauptbahnhof,
da hat diese Welt andre Seiten;
sie reden,
sie singen,
sie weinen
und sind doch ein Teil von den Seinen,
die sich Träume des Himmels bereiten.

(1992)

arbeitslos

Weißt du, wie es ist,
den Gang entlang zu laufen?
Schier endloser Schierlingsbecher …

Du läufst Spießruten
in der eigenen Verbitterung.
Du bist ein Nichts.
Stamm-Nummer
für die Bürokratie,
die davon lebt,
dass es dich so gibt.

Und am Ende des Ganges?
Falltreppe oder Lift!

Wir werden uns wundern –
meint Voltaire –
wem wir im Himmel
alles begegnen werden …

(1992)

Expansive Investition

Sie schicken uns feine Kerle,
geschniegelt, dynamisch – wies heißt.
Sie haben gelernt, wie man freundlich
die Leute im Osten bescheißt.

Zuhause, das sind sie ne Niete,
da waren die Gegner zu groß;
jetzt baut man auf Dummheit und Lähmung,
da fällt der Profit in den Schoß.

Man tischt auf den Westlern mit Grazie
die Mär vom totalen Verfall
des Ostens auf allen Gebieten –
die Lüge, sie lebt überall.

Nun sind sie ganz oben und fahren
Mercedes der Preisklasse »S«
und lächeln dabei über jene
im Haus mit dem »A« und dem Stress.

(1992)

Deutschland und die Anderen

Sie haben Angst vor dem »Deutschen«
und wissen auch warum:
Zu groß ist seine »Gabe«,
zu groß ist sein Gehabe,
und andre nennt er dumm.

Sie haben Angst vor dem »Deutschen«
und wissen auch warum:
Es plustert sich der Geier,
legt seine Hydra-Eier
nicht nur um sich herum.

Sie haben Angst vor dem »Deutschen«
und wissen auch warum:
Er kennt nur Seinesgleichen,
die andren müssen weichen,
drum bleiben sie nicht stumm.

(1992)

Ausländer

Fremde Gesichter
Fremde Sprachen
Fremde Lieder
Fremde Gebete

Sie für dich
Du für sie

Sich dulden
Sich kennen
Sich achten

Aber, was tust du?
Bedenke,
nur zu Hause
bist du kein Ausländer.

(1992)

Schwarze Vögel

Es ist kein Sittichpfeifen
und keine Nachtigall,
es stürzt und braust vom Himmel
wie Dürers Totenschimmel,
bei Tag und Nacht und überall …

Und die da unten wohnen,
die hören das nicht mehr.
Sie schlafen unter Decken,
sie lassen sich nicht wecken,
sie träumen süß vom Meer.

Bist du in Friedenszeiten –
der heiße Golf ist weit –
durch diese Höllenhunde,
die mit dem Tod im Bunde,
für jeden Krieg bereit?

(B 52 auf der US Air Base – Frankfurt 1992)

Die Glocken von Rüsselsheim

Die Glocken rufen von Rüsselsheim,
sie rufen dich heim,
sie rufen dich heim
und dringen uns tief in die Herzen.

Ich höre nicht, was der Pfarrer spricht,
er erreicht mich nicht,
er erreicht mich nicht,
es erreichen mich nur meine Schmerzen.

Und dann stehe ich auf,
und ich geh zum Altar,
und ich nehme von Jesu die Gaben.
Es ist sein Brot
in tiefer Not –
das wird meine Seele laben.

Die Glocken rufen von Rüsselsheim,
sie rufen dich heim,
und du bist allein
und quälst dich über die Runden.

Doch das Brot
in der Not,
das erinnert dich dann
an die wunderumwobenen Stunden …

(1992)

An der S-Bahn

Ich nestle nervös an der Tasche
und knauple die Finger mir wund;
die Zeit ist um,
die Tür schlägt zu,
es ist eine schreckliche Stund.

Am Bahnsteig, da blicken die Augen
so fragend und klagend mich an;
die Zeit ist um,
die Tür schlägt zu,
die S-Bahn nach Frankfurt ruckt an.

Ich setze mich nicht auf die Bänke,
ich bleib an der Türe stehn;
die Zeit ist um,
die Tür schlug zu,
ich fühle mein Herz nicht mehr gehen.

(1992)

Urlaub auf Rhodos

Entflohen einer Welt
der Gewöhnung,
der Verwöhnung,
der Verhöhnung.

Lebend zwischen
den Steinen,
den Hainen,
den Rainen.

Ein Weg
durch Feuer und Wasser,
Verlangen und Verdammen,
Glück und Trauer.

Die Liebe
geht ihre eigenen Wege,
wir sind ihr ausgeliefert.
Überall, wohin du gehst,
musst du dich mitnehmen.

(1992)

Arbeitsamt VI Berlin

Auf den blanken Plastiksitzen
spiegelt sich mein Zerrbild …
Ich bin wieder da.

Vorbei ABM –
die Bettelmaskerade.
Nun bin ich
Nummer 587 –
ohne Maske.

(1993)

Wurzeln der Erinnerung

Aus den Wurzeln der Erinnerung
treiben Blüten ans Licht –
regenbogenfarben –
versöhnend.

Und sie gehen
dorthin zurück,
von wo sie gekommen sind.

Ich trauere ihnen nach,
aber gedenke auch
der Freude, die sie mir brachten
in mein Leben –
meine Wurzeln der Erinnerung …

(1993)

Auf der Flucht

Man hat mich verjagt
»im Namen des Führers«.
Man hat mich ausgebildet
»im Namen der Partei«.
Man hat mich entlassen
»im Namen der Einheit«.
Man hat mich geschieden
«im Namen des Volkes«.
Jetzt denke ich nach –
in eigenem Namen …

(1995)

Kein Abschied nirgendwann

Zyklus

(1998)

Dem Gedenken an meinen Sohn Steffen, der uns am 04.04.1989 im Alter von 32 Jahren völlig unerwartet verließ …

I

Tropfen

tropf …
tropf …
die Gedanken
tropfen auf ein Blatt

schwing …
schwing …
mein Vogel

sing …
sing …
doch dein Lied
nicht zu Ende

tropf …
tropf …
tropft dein Lied
auf meine Seele …

II

Schrei

Unhörbar,
dein stummer Schrei ...
warum?

Ach, Gott ...

warum hast du meine Ohren
so taub gemacht,
dass ich ihn
nicht hören konnte -
nicht hören sollte,
nicht hören durfte ? ...

Jetzt ist es still -
jetzt höre ich
deinen Schrei ...

III

Angst

Unbändig
geht sie mit
uns um

Jeder
hat sie doch
in sich

Angst -
wovor ?

Du hattest Angst
vor dem Leben ...

Jetzt
hast du sie
nicht mehr

IV

Babel

Du hattest
einen Berg errichtet
mit deinem Geist
und deiner Akribie.

Wo Berge sind
muss man nicht
Berge türmen ...

Zu instabil
ist deren Fundament.

Nicht Schöpfer sind wir,
sind Bewahrer
von allem,
was der Geist erkennt.

V

Erstaunen

Wenn ich
hinaustrete,
trete ich
aus mir heraus.

Sprachlos
gleiten meine
Gedanken ins All,

und ich
folge ihnen
wie ein Komet
auf ewiger Wanderschaft.

VI

Liebe

was immer
das auch ist ...

sie bleibt
der Schlüssel

für alles,
was uns
diese Welt erschließt,
und alles,
was uns noch erwartet ...

VII

Wiederkehr

drei Sonnen
im Rhombus -*)

von da
komme ich,
dorthin
kehre ich wieder

freuen
wir uns doch
auf diesen Tag
der Heimkehr –

w a r t e   a u f   m i c h ...

*) der Orion

Endlich wieder ein Ge-Dich-t

Nicht nur »die blaue Tanne«
weiß um das Glück der Liebe.
Inzwischen sind es Länder
und Meere und Gebirge,
die unser Leben kennen.
Es wächst »das Kind im Manne«,
erwartet neue Triebe ...

Der Tacho zählt die Meilen,
Kalender Jahr und Tage,
die wir gemeinsam gehen
in dieser Welt der Wirrnis,
der wir uns mutig stellen.
Solln wir sie denn durch-eilen –
das ist die bange Frage.

Es stimmt: die Zeit ist hart,
sie rast ohne Erbarmen.
weil wir das wissen, sollten wir
den Kern der Dinge nennen:
Es gibt nur dieses Leben!
Es ist, wenn Du es fühlst, ganz zart
und liegt in deinen Armen.

(Zum Jahreswechsel 2002/2003)

Gedanken

Meine Gedanken
fliegen zu dir –
immer sind sie unterwegs.
Sie suchen dich –
werden sie dich finden?
Sie finden dich
nur dann,
wenn du sie fühlst …
spürst du ihre Wärme …

(2004)

Suche

Ich suche dich
in meinen Ängsten,
in meiner Trauer,
in meiner Sehnsucht,
in meiner Hoffnung …

Wolken suche ich,
will fliegen mit ihnen –
geräuschlos,
rastlos,
endlos …

(2004)

Ich

Ich bin ein Glas
aus Träumen,
zerbrechlich dünn und klar,
und alles, was ich fühle,
versteckt sich wunderbar.

Ich bin ein Halm
im Winde,
er wiegt sich hin und her,
und alles, was ich fühle,
macht mir das Herze schwer.

Ich bin ein Hauch
im Nebel,
er schwebt über den Seen,
und alles, was ich fühle,
wird mit mir untergehn.

(2004)

Meine Seele

Wie eine Feder
schwebt meine Seele
durch Raum und Zeit.

Immer wieder
kehrt sie zu mir zurück …

… es sei denn,
du fängst sie auf
und wärmst sie
mit deinen Händen.

(2005)

Was will ich denn

Was will ich noch …
Ich habe deine Nähe,
den sorgenvollen Blick,
die ausgestreckte Hand,
die Wahrheit und das Glück.

Was will ich mehr,
als deine Wärme spüren.
Was will ich mehr,
als gut verstanden sein.
Was will ich mehr,
als dich durch Welten führen.
Was will ich mehr,
als nicht allein zu sein.

Was will ich denn …
Ich will es jetzt dir sagen:
Es ist der eigne Sinn,
der durch den Kopf mir weht.
Es ist die Last, so schwer zu tragen,
wenn jeder Tag zu Ende geht.

Ich such den Tag,
an dem ich gut mich fühle,
weil die Geduld mich endlich hat.
Verflogen ist die Herzenskühle,
weil ich so sehr das Leben mag.

(2005)

Aus der Ferne

Der Weg ist weit,
der Weg ist schwer,
ich weiß, es muss so sein.
Wenn ich den Weg gegangen bin,
dann bin ich wieder dein.

Der Mond scheint hier,
er scheint bei dir,
du kennst den Silberschein.
Wenn er den Weg gegangen ist,
dann bin ich wieder dein.

Mein Herz ist weit,
mein Herz ist schwer,
du weißt, es muss so sein.
Wenn ich den Weg gegangen bin,
dann bleibt mein Herze dein.

(2005)

Für La

Ich weiß,
was du denkst,
und ich weiß,
was du fühlst.
Ich hab alles selber durchlebt.

Man steht auf dem Fels
und starrt hinab,
wo ringsum die Erde bebt.

Du sinkst auf die Knie,
und du betest zu ihm,
dass er schützend die Hand
auf dich hält …

Wenn du aufwachst
und aufstehst,
dann weißt du genau:
Du bist ein Teil seiner Welt.

(2010 oder Buddha-Jahr 2553)

Nebelschleier

Die Nebel,
die jetzt wallen
in ihrem Spinnenkleid,
sie halten mich gefangen
in dieser Herbsteszeit.

Am Fenster,
wo ich sinne,
da grüßt mich golden Laub,
es schweben sanfte Schleier,
und alles scheint wie taub.

Ich fühle,
wie der Nebel
sich zärtlich um mich legt
und alle meine Träume
in ferne Welten trägt.

(2010)

Meditation

Ich sehne mich
nach deiner Nähe,
so nah, wies nicht mehr möglich ist.

Du stellst die Weichen
und ich muss weichen,
weil meine Sehnsucht
auf mich frisst.

Du hast in schweren Zeiten,
in denen ich verzweifelt war,
den Platz nicht mehr verlassen.
Ich kann nicht hassen,
weil meine Wege sind so klar.

Das ist die Frage,
ob ich es wage,
dich auch auf diesen Weg zu bringen.
Das kann man nicht mit Händeringen,
das geht nur, wenn die Seele brennt
und jeder weiß, dass nichts uns trennt.

(2010)

Für meine Mutter

Ich denke manchmal:
Wars das schon,
bist du denn schon am Ziel?
Dann sagst du mir:
Vergiss es nie,
der Weg, das ist dein Ziel.

Ich geh den Weg,
den ER mir weist,
der mich so stark gemacht.
ER ist für mich
bei so viel Glück
das Licht in dunkler Nacht.

Ich weiß,
sie hält das Licht für mich
in jeder Tageszeit,
denn dieses Licht
mir nicht gebricht,
es ist so nah –
so weit …

(12.07.2010)

Das letzte Gedicht von Hermann Hesse
Knarren eines geknickten Astes

(3. Fassung vom 08. August 1962, ein Tag vor seinem Tod)

Splittrig geknickter Ast,
Hangend schon Jahr um Jahr,
Trocken knarrt er im Winde sein Lied,
Ohne Laub, ohne Rinde,
Kahl, fahl, zu langen Lebens,
Zu langen Sterbens müd.
Hart klingt und zäh sein Gesang,
Klingt trotzig, klingt heimlich bang
Noch einen Sommer,
Noch einen Winter lang.

Parabel von Walter Vorwerk
Gesang eines jungen Reises

Eben geborenes Reis,
Drängst durch die Schale zum Licht,
Lau kost der Wind erstes Blatt,
So kühn, so grün
Streckt sich das Reis nun zum Zweig,
Spiegelt im Tautraum,
Wiegt im Gesang sich
Fröhlich und gar nicht bang
Noch viele Sommer,
Noch viele Winter lang.

(2011)

175

Jahre

Jahre sind Wege
in endlose Weiten,
sie preisen das Leben
und führn durch Gezeiten.

Jahre sind Berge
mit schlohweißen Köpfen,
sie lehren dich Denken –
der Sinn von Geschöpfen.

Jahre sind Liebe,
die je ich empfunden,
sie sind meine Nahrung
und heilen die Wunden.

(Zum Jahreswechsel 2011/2012)

Sommerwind

Im grünen Feld,
im weiten,
da leuchtet rot der Mohn.
Die Lerchen hoch am Himmel
mit »ti-ri-li« begleiten
den Wogenwellenton.

Im Grase könnt ich liegen
und lauschen jenem Klang.
Er trägt mich zu den Wolken,
es ist auch mein Gesang.

Der Sommerwind gesellt sich
zu jener Sinfonie
der großen fernen Sehnsucht,
der Lerchenmelodie.

(2012)

Mein Lied

Lieder gibt es viele auf der Welt,
doch dieses, das ich schreibe,
erhofft sich, dass es bleibe –
der Himmel hat's bei mir bestellt.

Es ist für dich, du sollst es nie vergessen.
Es klang schon lange durch mein Herz,
es hat ertragen all den Schmerz,
sein Klang macht mich besessen.

Es ist das Lied der Weiten,
die uns so nah, so fern.
Du bist für mich der schönste Stern –
das Lied soll uns begleiten

(2012)

Die Welle

Die sanfte Welle streichelt leis den Sand.
Sie strebt, von unsichtbarer Kraft gezogen,
als ob sie an der Brust gesogen,
hin zu dem bunten hohen Land.

Sie hat sich lange darauf vorbereitet
und hofft auf rücksichtsvollen Wind,
der gerade jetzt zu wehn beginnt,
damit sie fröhlich landwärts gleitet.

Es ist ihr Los, sich damit abzufinden,
dass ihre Zeit von kurzer Dauer.
Die nächste liegt schon auf der Lauer,
sie will sich mit dem Land verbinden.

Ich nehm das Bild ins Herze auf,
es bringt mich sinnend leicht ins Wanken,
denn Wellen sind meine Gedanken,
sie suchen heimwärts ihren Lauf.

(2012)

Kilimanjaro

Es ist der Ring,
der unsichtbare Gürtel,
die weiteste Weite,
der Umfang deiner Schönheit,
Mutter Erde.

Hier ist es heiß,
hier scheiden sich die Geister,
hier lebt das Hartgesottene,
hier an der Glut der Sonne.

Es treibt uns die Magie,
die Sehnsucht, Unfassbares zu erfassen,
anzufassen mit Händen
und mit Füßen zu erklimmen.

Hier sind sie,
die schlohweißen Haare der Jahre ...
ihnen zu danken,
im Mantratakt die Schwere zu ertragen
auf dem langen steinigen Weg
ins ewige Eis am Äquator.

(2012)

(Am 04. August 2008 um 9.05 Uhr OZ erreichten meine Frau
Sabine und ich – im 60. bzw. 70. Lebensjahr – den Gipfel des
Kilimanjaro, den höchsten Berg Afrikas – 5.895 m)

Leben

Wenn du ein Glas
aus Träumen suchst,
dann schau in dich hinein,
Es wird,
du fühlst es ganz genau,
dein eignes Leben sein.

Ein Leben klar wie Morgentau
wirst du hier niemals sehn.
Es ist so bunt,
voll Lust und Leid,
nur du kannst es verstehn.

Wenn du hinausgehst – irgendwann,
sind dir die Sterne nah.
Sie lächeln dir
zum Abschied zu –
sie sind jetzt immer da.

(2012)

Der Autor

geboren 1939 in Pfaffendorf, Kreis Lauban (Niederschlesien), Flucht und Vertreibung 1945; der Vater, Eisenbahner, wird am 5. März 1945 Opfer eines Fliegerangriffs auf den fahrenden Zug bei Passau – letzte Ruhestätte in Vilshofen – Die Mutter mit sechs Kindern allein – Walter ist das jüngste Kind

1945 – 1957	Grundschule – Mittelschule – Oberschule (Gymnasium) – Abitur in Bautzen
1957 – 1958	Volontär bei der „Sächsischen Zeitung" Bautzen und Dresden
1958 – 1962	Universität Leipzig, Fakultät für Journalistik – Diplom-Journalist
1962 – 1965	Radio DDR/Sender Schwerin – Allround-Reporter-Redakteur
1965 – 1970	Deutschlandsender Berlin – Musikredakteur – in dieser Zeit Fernstudium an der Hochschule für Musik „Hanns Eisler" Berlin – Staatsexamen als Sänger
1970 – 1972	Gesangssolist und Darsteller im Tanz-Ensemble der DDR
1972 – 1975	Rückkehr zum Rundfunk der DDR. Sein Wunsch, als Musikjournalist arbeiten zu dürfen, wird ihm verwehrt. Er kommt als Reporter-Redakteur und Moderator in die Jugendredaktion des Senders „Stimme der DDR" (vormals Deutschlandsender)
1975 – 1977	Aufenthalt in der Ukraine (Großbaustelle Erdgastrasse) – Öffentlichkeitsarbeit
1977 – 1990	Sein Antrag, als Musikjournalist im Rundfunk arbeiten zu dürfen, wird abermals abgelehnt. Versetzung in die Redaktion „Aktuelle Politik" als Reporter-Redakteur und Moderator („mit UdSSR-Erfahrung")

1990 – 1991	Mithilfe beim Aufbau des neuen Rundfunks – Redaktionsleiter des Frühprogramms vom Deutschlandsender Kultur (DS Kultur) „Klassisch aufstehen" – Musikjournalist und Moderator
1991	Entlassung in die Arbeitslosigkeit – „Strukturbereinigung laut Staatsvertrag" Bewerbungen: Ablehnungen mit der Begründung „überqualifiziert" ...
1992	ABM-Stelle beim Sender DS Kultur vom 01.08.92 - 31.03.93 als Musikjournalist, danach wieder arbeitslos ....
1994 – 2008	Freiberuflicher Musikjournalist für die öffentlichrechtlichen Hörfunksender der Bundesrepublik (vor allem Deutschlandradio, Deutschlandfunk, Kultursender von MDR, NDR, WDR, BR) – Reportagen, Feuilletons, gestaltete Berichte, Moderation, Programmsprecher
ab 01.04.2002	Rentner in „vorgezogener Altersversorgung", freiberufliche Arbeit

Erste Gedichte 1953/54, kleine Prosa in den 70er Jahren, Gedanken zum Buch „Im Windkanal – Episoden aus dem Leben eines Zeitzeugen" bereits in den 60er Jahren, es folgen erste Aufzeichnungen, intensivere Arbeit daran ab 2009.
Mehrere Nachdichtungen von Liedtexten aus verschiedenen Sprachen

Vertonungen von Gedichten:
Dieter Nowka: „Neue Liebeslieder" (1965, Internationale Musikbibliothek Berlin – UA 1966 in Potsdam)

Joachim Werzlau: „Erste Schneeflocke" (Kinderlied 1971 – Rundfunkproduktion)
Marliese Zeiner: „Winter" und „Frühlingslied" für dreistimmigen Kinderchor – 2009 & 2011 „Wurzeln der Erinnerung", Liederzyklus für Bariton und Klavier 2000/2011
Alfred Koerppen: „Vom Wein und den vier Temperamenten", Liederzyklus für Männerchor 2008 – Edition Ferrimontana Frankfurt – Uraufführung in Limburg 2011

-.-.-.-

„Nicht nur die Rose …" (Gedicht-Auswahl 1959 – 1989)
„Wurzeln der Erinnerung" (Gedicht-Auswahl 1990 – 2012)
Nach der deutschen Vereinigung viele Reisen in alle Welt. Reisetagebücher …
Hobby: Fotografie.

Seit 09.09.1999 in dritter Ehe verheiratet mit Dr. Sabine Vorwerk, Musikredakteurin beim Deutschlandradio Kultur